Fiche **notion**

Par Natacha Cerf

Le bonheur

lePetitPhilosophe.fr

Introduction

Associez chaque citation à l'explication qui lui correspond.

Choisissez un sujet bac et construisez le plan de votre dissertation en y associant, si possible, certaines des citations et des explications reprises ci-dessus.

INTRODUCTION

L'**analyse étymologique** du mot « bonheur » révèle une **contradiction** :

- « bonheur » vient de *augurium* qui signifie la chance. Il arrive donc **par hasard** et échappe à toute tentative de maitrise ;
- le bonheur est le plus souvent défini comme un **état durable** et, dans « bonheur », il y a « bon », ce qui renvoie à l'idée du **bien**. Les philosophes antiques pensaient que le bonheur durable était en notre pouvoir quand nous menions une vie vertueuse fondée sur la raison.

Cependant, cette définition antique se heurte à une évidence de la pensée : le bonheur procède de l'expérience et de la subjectivité de chacun, et il dépend de conditions extérieures qui ne relèvent pas de la simple volonté. Ce constat rend inconciliable bonheur et vertu : il est du reste possible d'être malheureux tout en étant vertueux.

La question du bonheur se pose également d'un point de vue collectif. En effet, pour que chaque individu puisse se consacrer à sa quête personnelle du bonheur, il faut que le milieu dans lequel il vit y soit favorable, c'est-à-dire qu'il garantisse la justice et la sécurité pour tous. Cependant, cette exigence est difficilement réalisable.

L'échec récurrent d'une définition du bonheur pousse certaines écoles modernes à penser que le bonheur n'a ni sens, ni raison d'être et, par conséquent, pas de définition. C'est pourquoi les philosophes de l'absurde nient l'idée de pouvoir élaborer des recettes pour parvenir au bonheur. Celui-ci est, selon eux, définitivement **un mystère de l'humeur personnelle**.

<u>Niveaux de lecture :</u>

*** : incontournable

** : à ne pas négliger

* : pour approfondir

APPROCHES DE LA NOTION

LE BONHEUR LIÉ AU HASARD

Le bonheur comme idéal de l'imagination **

Le bonheur est généralement considéré comme le but ultime de toute vie humaine. Chacun le désire pour lui-même, en tant que fin en soi, et non en vue d'autre chose, comme on peut désirer l'argent pour le luxe et le luxe pour la réputation. En somme, le bonheur est envisagé comme **l'objectif suprême de tous les désirs** et non comme la réalisation d'un désir particulier. Il est par conséquent **un état de satisfaction absolu** qui dépasse le plaisir obtenu après avoir comblé un désir particulier. Mais il ne suffit pas d'assouvir temporairement l'ensemble de ses désirs pour être heureux : le bonheur se doit d'être un état stable et durable. Un homme heureux est en paix avec lui-même, c'est-à-dire en paix avec ses désirs qui jamais ne viennent le troubler par des quelconques manques.

Cette définition générale du bonheur répond à celle qu'en a donnée **Emmanuel Kant** (1724-1804). Dans la *Critique de la raison pure* (1781-1787), celui-ci conçoit **le bonheur comme la satisfaction de nos inclinations dans leur totalité, et ce dans la durée**.

Kant en conclut que cette conception du bonheur ne peut être **qu'un idéal de l'imagination** (citation 1)**, car :**, car :

- d'une part, l'homme est souvent incapable de déterminer avec précision ce qui le rendrait vraiment heureux ;

- d'autre part, il est rarement possible pour l'homme d'être à même de combler chacun des désirs qui s'éveillent en lui. Un individu doué de cette capacité est généralement un homme riche dont les moyens matériels lui permettent de contenter toutes ses aspirations sur-le-champ. Ce qui est peu fréquent et relève donc du hasard de la naissance, d'un coup de poker ou de la chance en affaires. L'étymologie du mot « bonheur » appuie cette idée.

Si telle est la définition du bonheur, il faut en conclure qu'il ne dépend pas de nous, de notre comportement, ni de notre volonté, mais seulement des circonstances extérieures qui peuvent se montrer favorables ou non.

Le bonheur comme fortune *

Ainsi, le bonheur appartiendrait à ceux qui ont les moyens matériels de combler tous leurs désirs : **la richesse matérielle serait la condition indispensable du bonheur**. Mais l'abondance découle le plus souvent de la chance. En somme, le bonheur serait donc fortune, dans les deux sens du terme.

Cette définition est partagée par les sophistes, dont **Calliclès**, qui n'octroie la faculté d'être heureux qu'aux êtres chez lesquels la nature a établi un équilibre inné entre les désirs et les facultés : **seuls sont heureux les hommes dont les désirs ne dépassent pas leurs aptitudes à les combler**. En effet, ils sont les seuls à pouvoir ainsi répondre à tous leurs appétits. Par conséquent, le bonheur n'est ici que l'apanage de quelques-uns favorisés par la chance de naitre avec un potentiel naturel à réussir dans toutes leurs entreprises : le bonheur est ici encore hasard.

Cependant, la quête du bonheur ne consiste pas uniquement à chercher les moyens de satisfaire rapidement tout désir naissant. Elle peut également résider dans la maitrise de ses désirs : c'est la voie de la sagesse, défendue par de nombreux philosophes antiques.

> **BON À SAVOIR :**
>
> **Calliclès** apparait dans un dialogue de Platon (vers 427-347 av. J.-C.), *Gorgias*, où il est présenté comme un sophiste. On ne sait s'il s'agit d'un personnage ayant réellement existé ou d'un être de fiction. Quant aux **sophistes**, il s'agit, au Ve siècle av. J.-C., en Grèce, de professeurs itinérants qui enseignaient l'art d'argumenter aux jeunes gens destinés à jouer un rôle dans les assemblées démocratiques. On les accusait de chercher à convaincre à l'aide d'arguments fallacieux, à séduire un auditoire et à flatter l'opinion.

LE BONHEUR IDENTIFIÉ À LA SAGESSE

Conformément à la conception la plus répandue du bonheur, dans la philosophie antique, **le bonheur est identifié au souverain bien** : il incarne la fin suprême de toute vie. Cependant, les Anciens font du bonheur, non pas un produit du hasard ou un don, mais une chose qu'il est en notre pouvoir d'atteindre. Ainsi, dans la pensée antique, **le bonheur peut être maitrisé**. Dans ce cadre, il se différencie du plaisir, non seulement parce que le plaisir est éphémère, mais également parce que le plaisir représente le « bon » et non le « bien ». Or, dans l'Antiquité, **le bonheur durable n'existe qu'en association avec une vie vertueuse**. Il s'agit d'une conception eudémoniste.

<u>BON À SAVOIR :</u>

L'**eudémonisme** est une doctrine philosophique selon laquelle le but de toute action est le bonheur, perçu comme le souverain bien. Pour l'eudémonisme, bonheur et morale vont de pair.

Le bonheur dans l'exercice de la vertu **

Pour **Aristote** (384-322 av. J.-C.), **le bonheur s'atteint via la raison**. Celle-ci est le propre de l'homme et **sa tâche est de maintenir l'homme dans la mesure**. Grâce à elle, l'homme peut éviter de tomber dans l'excès, dans la recherche frénétique de la satisfaction de tous ses désirs, et ainsi mener une existence vertueuse.

Aristote recommande donc de vivre conformément à la raison. Elle seule est capable de trouver la mesure dans toutes choses, une mesure qui débouche sur la vertu et le bonheur. Dans ce but :

- il préconise la prudence qui permet d'éviter à la fois la démesure et l'inertie ; le courage plutôt que la témérité ou la lâcheté ;
- la générosité plutôt que la prodigalité ou l'avarice, etc.

Ainsi, il s'agit de toujours **chercher le juste milieu pour chaque situation**.

Les conduites non conformes à la mesure, et donc démesurées, sont l'excès ou le défaut par rapport à ce qui est recommandé par la raison. Au contraire, la vertu est médiété, ni excès, ni défaut. Elle est une position moyenne, mais incarne un sommet par rapport aux vices.

Le bonheur dans la suppression des désirs ***

La quête du bonheur passe ainsi par une vie vertueuse qui elle-même réclame la maitrise de ses désirs en vue de diminuer sa dépendance envers les biens matériels et extérieurs. Telle est la voie de la sagesse. Le sage est celui qui a atteint la sérénité et le bonheur. Contrairement au commun des mortels qui cherche à adapter son cadre de vie à ses désirs, le sage tend à accorder ses désirs, en les maitrisant, au milieu dans lequel il évolue. À cette fin, il approfondit sa connaissance du monde et sa connaissance de soi.

Si les penseurs grecs louent majoritairement la maitrise des désirs, certains conseillent carrément leur suppression tandis que d'autres recommandent leur modération.

La suppression des désirs est l'attitude prônée par **les stoïciens**. Les désirs étant par nature inextinguibles (impossible à faire cesser) et passionnels (soumis aux états affectifs), ils en concluent à la nécessité pour le sage de parvenir à tous les supprimer, du moins dans un premier temps.

Le stoïcien **Épictète** (50-130) explique qu'il est important d'apprendre à distinguer ce qui dépend de nous de ce qui ne dépend pas de nous :

- les pensées, les désirs ou encore les sentiments, en somme **les passions, dépendent de nous** : nous avons le pouvoir de les maitriser grâce à la raison, car elles relèvent de notre volonté ;
- le corps, l'argent, la réputation ou encore les charges publiques ne dépendent pas de nous : **nous n'avons aucun pouvoir sur ce qui relève des évènements extérieurs**.

Désirer quelque chose qui n'est pas en notre pouvoir nous rendra forcément malheureux. Il faut donc être apte à distinguer ce qui dépend de nous de ce qui ne dépend pas de nous, et nous rendre indifférents à ce qui ne dépend pas de nous. Il s'agit là de l'unique façon d'être heureux (citation 2).

Ainsi, seul le bien qui dépend de nous est à désirer. C'est la volonté rationnelle et réfléchie, considérée comme la faculté souveraine, qui décide si les désirs doivent être satisfaits ou non. Dans cette optique, **le bonheur permet la liberté** puisqu'il délivre l'homme des désirs qu'il ne peut assouvir.

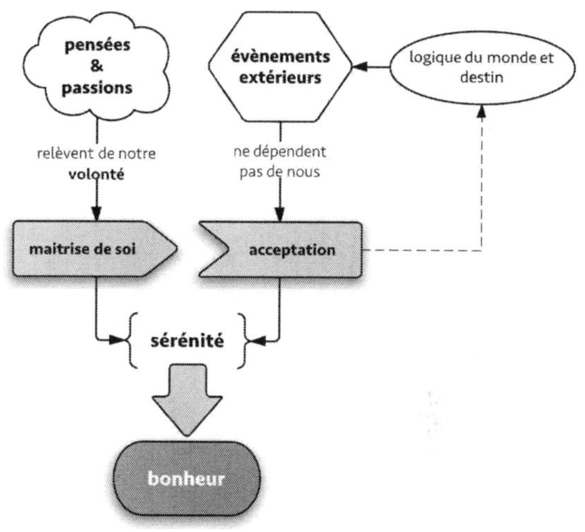

Le bonheur dans la modération des désirs ***

D'autres pensent que les désirs ne sont pas irrémédiablement insatiables et qu'il est possible de les modérer grâce à la connaissance philosophique. C'est le point de vue de l'**épicurisme**. Cette école philosophique considère que seuls les hommes qui se préoccupent de la vie après la mort nourrissent des désirs illimités et sans cesse insatisfaits. Il suffirait à ces hommes de cultiver des connaissances sur eux-mêmes et sur l'univers pour en conclure :

- d'une part qu'il n'y a pas à craindre la mort ni l'au-delà puisqu'il n'est rien après la mort ;
- d'autre part qu'il n'y a pas à craindre les dieux puisque ceux-ci ne se préoccupent pas des hommes.

Le fait de détourner les yeux de l'au-delà permettrait aux hommes de s'ouvrir aux choses de leur vie actuelle et de jouir des plaisirs de l'existence terrestre. Néanmoins, il convient de définir ce que les épicuriens entendent par plaisir.

BON À SAVOIR :

L'**épicurisme** est une doctrine philosophique atomiste et matérialiste fondée par Épicure. Elle vise la sagesse et la tranquillité de l'âme, ou bonheur, par la connaissance.

Pour **Épicure** (341-270 av. J.-C.), il n'existe pas de plus grand ni de plus constant plaisir que la santé du corps et la tranquillité du cœur (citation 3). La quête de la volupté au sens épicurien est donc davantage la fuite de la douleur que la recherche des plaisirs.

La santé du corps et la tranquillité du cœur sont assurées par la pratique des vertus, en particulier celles de la tempérance et de la prudence : il s'agit d'apaiser tous ses désirs, autrement dit d'adopter un comportement de maitrise de soi et de ses passions.

Épicure a établi une **classification des désirs**. Il distingue :

- les désirs vains et irréalisables (notamment le désir d'immortalité) ;
- les désirs vains et artificiels (entre autres l'aspiration à la gloire, à la richesse ou à la luxure) ;
- les désirs naturels non nécessaires (la recherche de l'agréable, par exemple le désir sexuel) ;
- les désirs naturels et nécessaires (manger, boire, dormir, etc.).

Les désirs vains, dits « en mouvement », mènent à l'insatisfaction et à la douleur parce qu'ils sont violents, éphémères et insatiables. Inversement, **les désirs naturels et nécessaires, ou plaisirs stables, mènent à l'état d'un corps apaisé et sans souffrance** qui n'a ni faim, ni froid, ni soif. Quant aux désirs naturels et non nécessaires, ils sont tout juste tolérés.

Le plaisir en tant que suppression de la douleur est un bien absolu, c'est-à-dire un bien auquel aucun nouveau plaisir ne peut être ajouté, un bien qui n'a nul égal : la satisfaction des besoins vitaux atteint chez Épicure une certaine transcendance. En effet, cet état d'équilibre offre à l'homme la liberté de pouvoir enfin prendre conscience du bonheur d'exister.

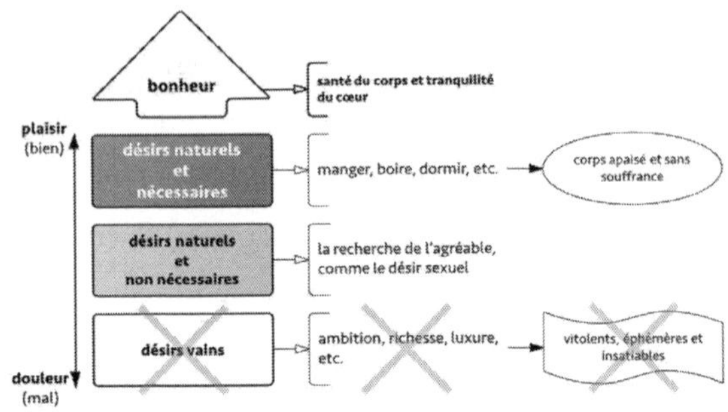

Le bonheur comme fin inaccessible **

Arthur Schopenhauer (1788-1860) nie quant à lui la possibilité d'atteindre cet état d'équilibre dont parle Épicure. Il remarque que tout homme parvenu à la satisfaction de ses désirs sombre dans l'ennui. Par conséquent, il n'est pas possible de concilier l'expérience du désir et la satiété. L'ennui est la nostalgie du désir : l'absence de désir plonge l'homme dans la souffrance et ne peut donc être un état durable. L'homme doit constamment se chercher de nouveaux objets à désirer pour ne pas voir prolongées les souffrances qu'engendre l'ennui. Pourtant, le désir est de même un état de souffrance puisqu'il surgit dans la tension et l'inquiétude.

En somme :

- **si l'homme s'ennuie, il aspire aux inquiétudes du désir ;**
- **si l'homme souffre des tensions qu'apportent les**

désirs, il aspire à l'ennui du repos.

Les deux situations sont également désagréables et **seul le bref intermède entre les deux états offre un plaisir de courte durée** qui interrompt momentanément le mal de vivre.

La pensée de Schopenhauer amène à croire que **le bonheur est une fin inaccessible** puisqu'il est par définition durable alors que tous les hommes sont en leur for intérieur rongés par une instabilité chronique, et oscillent constamment entre le désir et sa fin <u>(citation 4)</u>.

Le bonheur peut alors être perçu comme un état d'ina-chèvement et d'instabilité. C'est de cette manière qu'il est ressenti par les artistes et les créateurs pour qui la création, bien que peu durable, est pure joie et se confond avec un état de bonheur.

LE BONHEUR ET LA COLLECTIVITÉ

Le bonheur dans le civisme ***

Il semble donc impossible pour l'homme d'atteindre la perfection dont les philosophes de l'Antiquité le croyaient capable et le bonheur qu'il peut espérer ne peut être que pré-caire. De plus, **la stabilité des sociétés est indispensable au bonheur** de l'homme : le bonheur individuel dépend de l'adaptation durable de l'individu dans le monde auquel il appartient et de sa parfaite insertion dans la société dans laquelle il évolue. **Or les sociétés sont le plus souvent instables**. D'autant plus que l'obéissance de tous aux règles de la vie en commun, **le civisme, fait souvent défaut**.

Ce civisme revêtait une importance particulière pour le stoïcisme qui le plaçait au-delà de la connaissance : d'après les
stoïciens, il est la vertu qui contribue le mieux au maintien
de l'ordre de la nature et du Tout dont nous ne sommes que
des parties.

John Stuart Mill (1806-1873) et la pensée utilitariste affir-
ment que **le bonheur individuel n'est possible qu'au sein**
d'une communauté dont tous les membres sont heureux,
à savoir au sein **d'une société où la sécurité générale est
garantie de manière permanente** (citation 5). Ceci n'est
possible que si chacun obéit aux lois non par peur du châ-
timent, mais par intime conviction ; et cette conviction est
l'apanage des hommes connaissant le bonheur et désireux
de le conserver durablement. Mill admet qu'une telle société
régie par la volonté générale du plus grand bonheur de tous
est difficilement concevable et atteignable étant donné le
niveau de culture, d'organisation politique et d'évolution
technique qu'elle exige.

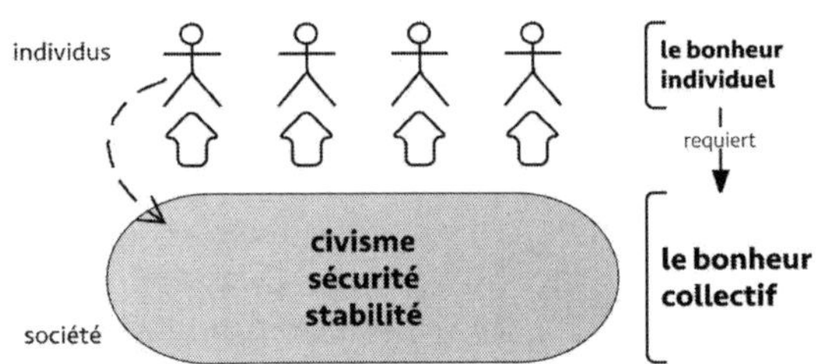

Le bonheur dans l'au-delà **

Les religions n'ont pas manqué de mettre en avant la fragilité du bonheur des hommes dans cette vie : **le bonheur terrestre n'est qu'instabilité, contrairement au bonheur dans l'autre vie qui est béatitude éternelle**. Dans les religions gréco-romaines, les hommes vertueux sont ainsi promis après leur mort à un bonheur pur et parfait, incomparablement supérieur au bonheur terrestre.

Saint Augustin (354-430), un des pères de l'Église latine, enseigne que l'existence ici-bas ne peut jamais être vraiment heureuse et qu'il faut attendre la vie future, après la résurrection, pour s'épanouir dans la béatitude éternelle. Le bonheur véritable est au Royaume de Dieu, car sur Terre, il ne peut être qu'illusoire (citation 6). Le christianisme conçoit le bonheur de ceux qui se prétendent heureux comme un état moins malheureux que celui des individus accablés par de plus grands malheurs. Ils peuvent tout au plus se consoler d'avoir échappé au pire. Mais cet état de consolation est confondu avec le bonheur. Pire encore, il est corrupteur puisqu'il rend la vie terrestre acceptable.

Le bonheur en récompense d'une existence morale **

Cette croyance est-elle raisonnable ? Selon Kant, oui. Car le postulat de l'immortalité de l'âme et de l'existence de Dieu permet de considérer **le bonheur comme une récompense accordée par Dieu aux hommes raisonnables pour leur effort moral dans cette vie**.

Cet effort moral s'accomplit grâce à l'application de **l'impératif catégorique, une loi rationnelle, universelle et objective** dont l'une des formules est : « Agis uniquement d'après la maxime qui fait que tu peux vouloir en même temps qu'elle devienne universelle. » (*Critique de la raison pratique*, 1788) Peu importe la situation dans laquelle l'homme se trouve, il peut recourir à une loi objective et universellement applicable pour le guider dans ses actions et ainsi adopter une conduite morale. Cette conduite morale se voulant universelle, elle ne peut se concilier avec le bonheur terrestre qui n'est constitué que de la satisfaction de nos désirs égoïstes. Kant distingue ainsi radicalement bonheur terrestre et moralité, excluant donc toute finalité extrinsèque (extérieure) à la morale : on ne peut poser un acte bon en vue d'être heureux, car l'acte ne serait plus bon, mais intéressé.

Ainsi, l'homme est confronté à deux exigences contradictoires :

- la recherche du bonheur ;
- la conduite morale, incompatible avec le bonheur.

Kant résout cette contradiction par le postulat de l'existence de Dieu qui remet à plus tard les temps du bonheur : le bonheur serait donné par Dieu en récompense à ceux qui ont mené une vie morale (citation 7).

LE CONCEPT DU BONHEUR COMME INDÉFINISSABLE *

Les Modernes n'offrent pas plus que les Anciens une définition stable et incontestable au bonheur. À croire qu'il faudrait plutôt en finir avec la recherche d'une définition du bonheur et de recettes pour l'atteindre. La **philosophie de l'absurde** s'aventure dans cette ultime voie.

> **BON À SAVOIR :**
>
> La **philosophie de l'absurde** est une doctrine philosophique née au XXᵉ siècle qui conçoit le monde comme dépourvu de signification.

Albert Camus (1913-1960) développe son point de vue dans *Le Mythe de Sisyphe* (1942) : contraint par Zeus à pousser éternellement un rocher sur la pente d'une colline pour avoir défié les dieux, Sisyphe nous apprend que **l'homme est condamné à vivre dans un monde absurde**, qui n'a pas de sens et qui lui est totalement étranger. Ce n'est que s'il prend conscience de cette situation et qu'il l'accepte qu'il peut s'en libérer. Il est ainsi possible d'imaginer Sisyphe heureux en le concevant comme un homme délivré de ses illusions, libre, conscient et consentant. Ce n'est qu'à ces conditions que le bonheur est possible.

EN RÉSUMÉ

Kant conçoit le bonheur comme la satisfaction de tous nos désirs de manière durable, mais il constate que cette conception ne peut être qu'un idéal de l'imagination : il est impossible pour l'homme de connaitre et de combler chacun de ses désirs, à moins qu'il soit riche, ce qui dépend du hasard.

Les philosophies antiques associent le bonheur au souverain bien, et estiment que le bonheur n'existe qu'en association avec une vie vertueuse. Pour y parvenir, Aristote recommande l'usage de la raison en vue de trouver la mesure de toutes choses. Les stoïciens, de leur côté, prônent la suppression des désirs, tandis que les épicuriens recommandent leur modération.

Schopenhauer estime pour sa part que le bonheur envisagé par les Anciens est une fin inaccessible : l'homme ne peut cesser de désirer sans être plongé dans l'ennui.

Les utilitaristes ont quant à eux fait remarquer que les circonstances extérieures influaient sur le bonheur individuel. Selon **Mill**, le bonheur de chacun n'est possible qu'au sein d'une société où la sécurité générale est garantie.

Dans ces conditions, la possibilité d'un bonheur terrestre pose question et pousse les hommes à se réfugier dans la religion. **Saint Augustin** ne postule l'existence d'un bonheur véritable qu'après la mort.

Kant convient que le bonheur pourrait être offert par Dieu après la mort en récompense à ceux qui ont mené une existence morale.

Enfin, pour **Camus**, il faut cesser de rechercher un sens à l'existence puisqu'elle est absurde. Il s'agit de se libérer de ses illusions : ce n'est qu'à cette condition que l'homme peut être heureux.

Votre avis nous intéresse !
Laissez un commentaire sur le site de votre librairie en ligne
et partagez vos coups de cœur sur les réseaux sociaux !

POUR ALLER PLUS LOIN

- ARISTOTE, *L'Éthique à Nicomaque*, traduction de Jean Defradas, Paris, Pocket, 1992.
- AURÈLE (Marc), *Pensées pour moi-même*, traduction de Jules Barthélémy Saint-Hilaire, 1876.
- BRUN (Jean), *L'Épicurisme*, Paris, PUF, 1991.
- BRUN (Jean), *Le Stoïcisme*, Paris, PUF, 1985.
- CAMUS (Albert), *Le Mythe de Sisyphe*, Paris, Gallimard, 1985.
- CLÉMENT (Élisabeth) *et alii*, *La Philosophie de A à Z*, Paris, Hatier, 2000.
- ÉPICTÈTE, *Manuel d'Épictète*, traduction d'Emmanuel Cattin, Paris, GF-Flammarion, 1997.
- ÉPICURE, *Lettre à Ménécée*, traduction de Pierre Pénisson, Paris, Hatier, 2007.
- KANT (Emmanuel), *Critique de la raison pratique*, traduction de Luc Ferry et d' Heinz Wismann, Paris, Gallimard, 1989.
- KANT (Emmanuel), *Critique de la raison pure*, traduction d'Alain Renaut, Paris, GF-Flammarion, 2006.
- KANT (Emmanuel), *Fondements de la métaphysique des mœurs*, traduction de Victor Delbos, Paris, Librairie générale française, 2010.
- MAGEE (Bryan), *Histoire illustrée de la philosophie*, traduction de l'anglais dirigée par Christian Molinier, Paris, Le Pré aux clercs, 2001.
- MILL (John Stuart), *L'Utilitarisme*, traduction de Georges Tanesse, Paris, GF-Flammarion, 1988.
- RAWLS (John), *Théorie de la justice*, traduction de

Catherine Audard, Paris, Seuil, 1987.

- ROSSET (Clément), *Le Réel : traité de l'idiotie*, Paris, Éditions de Minuit, 1977.
- ROSSET (Clément), *Logique du pire : éléments pour une philosophie tragique*, Paris, PUF, 1971.
- SAINT AUGUSTIN, *Les Confessions*, traduction de Joseph Trabucco, Paris, GF — Flammarion, 1964.
- SCHOPENHAUER (Arthur), *L'Art d'être heureux*, traduction de Franco Volpi, Paris, Seuil, 2001.
- SCHOPENHAUER (Arthur), *Le Monde comme volonté et comme représentation*, traduction d'Auguste Burdeau, Paris, PUF, 1966.
- SÉNÈQUE, *La Vie heureuse. La Brièveté de la vie*, traduction de José Kany-Turpin et de Pierre Pellegrin, Paris, GF-Flammarion, 2005.
- SPINOZA (Baruch), *L'Éthique*, traduction de Charles Appuhn, Paris, GF-Flammarion, 1993.

TESTEZ VOS CONNAISSANCES !

ASSOCIEZ CHAQUE CITATION À L'EXPLICATION QUI LUI CORRESPOND.

Citation 1 : « [L]e bonheur est un idéal, non de la raison, mais de l'imagination. » (KANT [Emmanuel], *Fondements de la métaphysique des mœurs*, Paris, Flammarion, 1994, tome 1, section 2, p. 94)

Citation 2 : « Il n'y a qu'une route vers le bonheur [...], c'est de renoncer aux choses qui ne dépendent pas de notre volonté [...]. » (ÉPICTÈTE, *Manuel d'Épictète*, Paris, GF-Flammarion, 1997)

Citation 3 : « [L]a santé du corps et la tranquillité de l'âme, [...] c'est là la perfection même de la vie heureuse. » (ÉPICURE, *Lettre à Ménécée*, Paris, Hatier, 2007)

Citation 4 : « Le désir [...] est la condition préliminaire de toute jouissance. Or avec la satisfaction cesse le désir et par conséquent la jouissance aussi. » (SCHOPENHAUER [Arthur], *Le Monde comme volonté et comme représentation*, Paris, PUF, 1966)

Citation 5 : « Les règles morales qui interdisent aux hommes de se nuire les uns aux autres [...] sont d'un intérêt [...] vital pour le bienêtre humain. » (MILL [John Stuart], *L'Utilitarisme*, Paris, GF-Flammarion, 1988, p. 148)

Citation 6 : « [S]i quelqu'un est déterminé à être heureux, il [doit] se procurer ce qui demeure toujours [...]. Ainsi, quand on a Dieu, on est heureux. » (SAINT AUGUSTIN, *Les Confessions*, Paris, GF-Flammarion, 1964)

Citation 7 : « La morale n'est donc pas à proprement parler la doctrine qui nous enseigne comment nous devons nous rendre heureux, mais comment nous devons nous rendre dignes du bonheur. » (KANT [Emmanuel], *Critique de la raison pratique*, Paris, Gallimard, 1989)

Explication a : le travail, en tant qu'activité fondamentale de l'homme, fonde le bonheur.

Explication b : il ne faut pas chercher de signification aux tâches que nous entreprenons ni à la vie en général, car le bonheur revient à vivre sa vie tout en ayant conscience de son absurdité. C'est de cette conscience que nait la liberté de l'homme.

Explication c : le bonheur véritable se situe au Royaume de Dieu, car sur Terre, il ne peut être qu'illusoire.

Explication d : la quête du bonheur n'est possible pour l'individu qu'au sein d'une société où la sécurité générale est garantie de manière permanente par l'État.

Explication e : le bonheur doit naitre d'un calcul des bénéfices des actions individuelles sur la collectivité.

Explication f : pour être libre et donc heureux, il ne faut désirer que ce qui dépend de nous.

Explication g : la vie heureuse s'édifie sur les bases de la justice et de la générosité, de même que sur l'abandon des illusions et sur l'anticipation des ennuis.

Explication h : l'homme ne peut atteindre le bonheur sur terre, car ce dernier dépend de circonstances extérieures qu'il ne peut maitriser. Cependant, le bonheur peut être offert en récompense par Dieu après la mort à ceux qui ont fait l'effort d'être moral en cette vie.

Explication i : le bonheur étant la satisfaction de toutes nos inclinations de manière durable, il est impossible de l'atteindre par la raison.

Explication j : c'est dans la sagesse, dans la connaissance de soi et du monde et dans le soin apporté à son âme que se fonde le bonheur.

Explication k : l'absence de désir (ou l'état où tous les désirs sont satisfaits) fait sombrer l'homme dans l'ennui et le pousse toujours à se chercher de nouveaux désirs à réaliser.

CHOISISSEZ UN SUJET BAC ET CONSTRUISEZ LE PLAN DE VOTRE DISSERTATION EN Y ASSOCIANT, SI POSSIBLE, CERTAINES DES CITATIONS ET DES EXPLICATIONS REPRISES CI-DESSUS.

- Dépend-il de nous d'être heureux ? (bac S 2010)
- Une vie heureuse est-elle une vie de plaisir ? (bac T 2010)
- Est-ce à la loi de décider de mon bonheur ? (bac T 2008)
- Le bonheur est-il affaire privée ? (bac L 2003)

- Le bonheur réside-t-il dans l'illusion ?
- L'argent fait-il le bonheur ?
- Y a-t-il un droit au bonheur ?
- La recherche du bonheur est-elle nécessairement immorale ?
- Le bonheur est-il inaccessible à l'homme ?
- Est-ce la religion qui nous fait croire au bonheur ?

Rendez-vous sur lepetitphilosophe.fr et découvrez :

Plus de 1200 analyses
Claires et synthétiques
Téléchargeables en 30 secondes
À imprimer chez soi

www.lepetitphilosophe.fr

ISBN version numérique : 978-2-8062-4465-9
ISBN version papier : 978-2-8062-4443-7
Dépôt légal : D/2017/12603/564

Schémas réalisés par Alberto Molina Pérez, doctorant en philosophie des sciences (Université Paris I-Panthéon-Sorbonne)

Conception numérique : Primento,
le partenaire numérique des éditeurs.